Heiko Merkelbach

EIN WEG DER GNADE

Die Sieben-Kirchen-Wallfahrt
in Rom

2. Auflage

HEIKO MERKELBACH

EIN WEG DER GNADE

Die Sieben-Kirchen-Wallfahrt in Rom

Mit einem Geleitwort von
Walter Kardinal Kasper

2. Auflage

Adlerstein Verlag · Braunschweig

Bibliografische Information der Deutschen Nationalbibliothek: Die Deutsche Nationalbibliothek verzeichnet diese Publikation in der Deutschen Nationalbibliografie; detaillierte bibliografische Daten sind im Internet über http: //dnb.dnb.de abrufbar.

Ein Weg der Gnade
Die Sieben-Kirchen-Wallfahrt in Rom

Heiko Merkelbach
ISBN: 978-3-945462-14-0
2. Auflage vom 5. Juli 2025
Adlerstein Verlag Braunschweig, Pfälzerstr. 53
38112 Braunschweig
kontakt@adlerstein.de, www.adler-buch.de
Druck: Libri Plureos GmbH, Friedensallee 273,
22763 Hamburg
Fotos und Layout: Heiko Merkelbach
Umschlagbild: Blick vom Pincio nach St. Peter in Rom
Umschlaggestaltung und Bildbearbeitung: Steffen Thiel
Aktualisierung des Covers: Heinrich Pick

Inhaltsverzeichnis

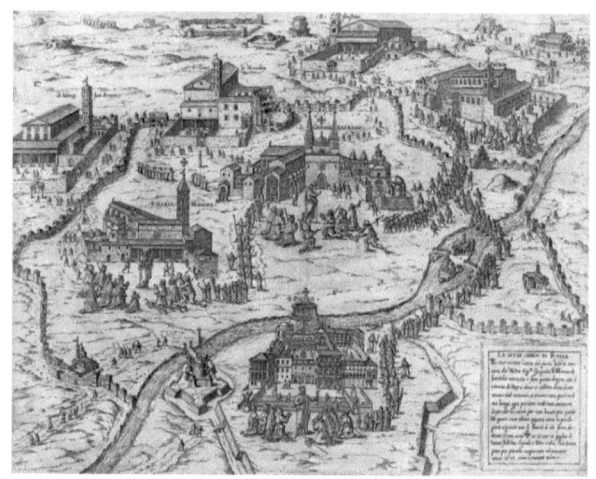

Die sieben Pilgerkirchen in Rom, Antoine Lafréry,
Speculum romanae magnificentiae, 1575

Zum Geleit

Das Zweite Vatikanische Konzil hat die Kirche mehrfach als pilgerndes Gottesvolk bezeichnet. Pilgern und Wallfahren, besonders das Hinaufziehen nach Jerusalem, waren schon im Alten Testament ein wesentliches Kennzeichen des Judentums. Beim Propheten Jesaia ist die Völkerwallfahrt auf den Sion Ausdruck der universalen endzeitlichen Friedenshoffnung. Auch Jesus ist zusammen mit seinen Jüngern den Weg nach Jerusalem gegangen. Zuletzt war es der Weg zum Tod am Kreuz und zur Auferstehung an Ostern. Wallfahren kann also als ein Stück Nachfolge Jesu Christi auf dem Weg zum himmlischen Jerusalem gelten.

Schon aus dem frühen Christentum kennen wir, etwa von Helena, der Mutter des Kaisers Konstantin, ausführliche Berichte von Wallfahrten nach Jerusalem. Daraus haben sich schon früh die Wallfahrten nach Rom und nach Santiago di Compostela zu den Gräbern der Apostel entwickelt. Auf diesen Pilgerwegen quer durch Europa sind die aus der Völkerwanderung hervorgegangenen unterschiedlichen Völkerschaften zu dem zusammengewachsen, was wir heute als Europa und seine gemeinsamen christlichen Wurzeln bezeichnen.

Wallfahrten nach Rom sollten also mehr sein als christlicher Wallfahrtstourismus. Sie können und sollen uns zur Besinnung rufen: Woher kommen wir? Wer sind wir als Christen? Und wohin wird uns der Weg unseres Lebens führen?

Das Pilgerbuch von Heiko Merkelbach EIN WEG DER GNADE beschreibt aufgrund vielfältiger persönlicher Erfahrung und geistlicher Begleitung die berühmte Sieben-Kirchen-Wallfahrt in Rom und schenkt uns wertvolle Hilfen zur persönlichen und gemeinsamen geistlichen Gestaltung der Romwalfahrt. Es ist ein wertvoller Beitrag, den man jedem Rompilger empfehlen kann.

Rom, an Pfingsten 2025
Walter Kardinal Kasper

> *»Es ist leichter, fröhliche Menschen auf dem Weg des Geistes zu führen, als schwermütige!«*
>
> *Hl. Philipp Neri*

Vorwort

Wer zum ersten Mal die sieben bedeutendsten Kirchen in Rom zu einer Wallfahrt verbunden hat, ist nicht bekannt. Sicher geht diese Tradition auf die Spätantike zurück. Das erste uns erhaltene Zeugnis stammt aus dem 7. Jahrhundert. Von etlichen Heiligen wird berichtet, dass sie im Mittelalter die sieben Pilgerkirchen während einer einzigen Wallfahrt besucht haben und an den Gräbern der Heiligen Gottes Nähe spürten. Schon der erste Pilgerführer aus dem Jahr 1364 beschreibt diese Wallfahrt.

Populär wurde die Sieben-Kirchen-Wallfahrt durch den »lachenden Heiligen« Philipp Neri (1515–1595). Er ging diesen »Weg der Gnade« mehrmals im Jahr, anfangs nur mit wenigen Gefährten. Dann schlossen sich ihm immer mehr Menschen an: zunächst die einfachen Leute, dann auch Geistliche und Adlige. Bevorzugter Zeitpunkt der Wallfahrt waren der Karneval und die heiligen vierzig Tage vor Ostern. Philipp Neri verband geschickt das Religiös-Missionarische mit dem Geselligen. Die Leute freuten sich auf das Picknick, das er stets im Anschluss an die Wallfahrt organisierte. Von manchen Eiferern wurde er deswegen auch kritisiert.

Philipp Neri folgte offenbar einem »katholischen«, ganzheitlichen Ansatz, nach dem Seele und Körper eine Einheit bilden. Im Laufe der Jahrhunderte wurde der Zuspruch zu dieser Art der Wallfahrt schwächer. Mit dem Zweiten Weltkrieg verschwand sie schließlich ganz. Seit dem letzten Konzil, welches das Bild des pilgernden Gottesvolkes wieder in das Bewusstsein der Gläubigen gehoben hat, erfreut sie sich wieder steigender Beliebtheit.

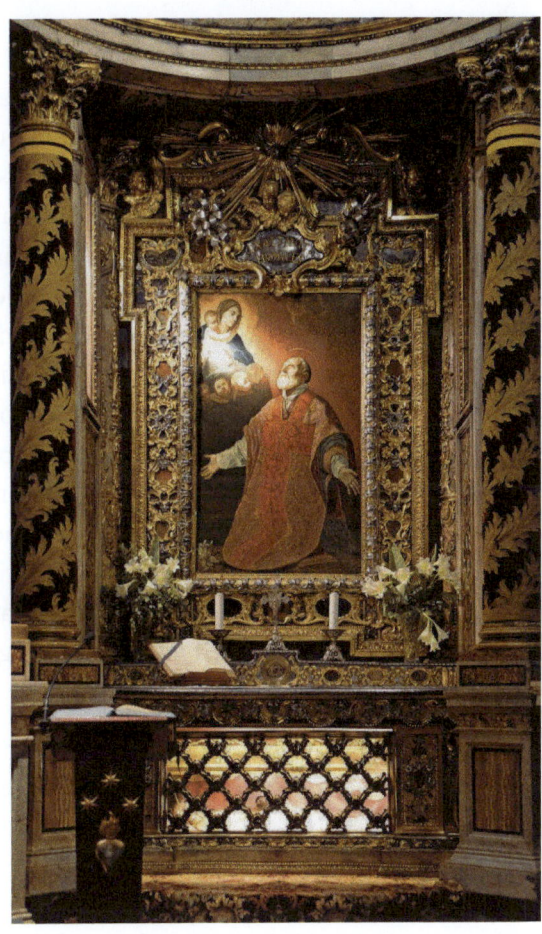

Das Grab des hl. Philipp Neri in der Kirche Santa Maria in
Vallicella (Chiesa Nuova) zu Rom

Praktische Hinweise

Der Weg führt mitten durch die Straßen Roms mit ihrem Verkehr und Lärm. Nur im Süden, im Bereich der Calixtus-Katakombe, dürfen wir durch eine ruhige Landschaft gehen. Die Reihenfolge, in der man die Kirchen besuchen sollte, ist nicht vorgeschrieben. Im Laufe der Zeit hat sich folgende Reihenfolge herausgebildet: San Pietro in Vaticano (Petersdom) – manchmal schon am Vorabend –, San Paolo fuori le Mura, San Sebastiano fuori le mura, San Giovanni in Laterano, Santa Croce in Gerusalemme, San Lorenzo fuori le mura und Santa Maria Maggiore. Dieser Reihenfolge kann man auch ohne Probleme mit dieser Vorlage folgen.

Ich bin mit vielen Gruppen, auch Jugendgruppen, diese Wallfahrt gegangen und bin mittlerweile bei einer anderen Reihenfolge angelangt. Da der Weg von St. Peter nach St. Paul den Tiber entlang mit 6,5 Kilometern die längste Strecke zwischen zwei Kirchen auf der Tour ist und die

Müdigkeit am Ende der Wallfahrt naturgemäß größer ist, habe ich mich entschieden, die Kirchen S. Maria Maggiore, S. Lorenzo, S. Croce und S. Giovanni zu Beginn der Wallfahrt zu besuchen. Zu Beginn des Weges ist man aufnahmebereiter.

Wenn man zeitig aufbricht (morgens gegen acht Uhr) ist man zur Mittagspause in den schönen Gärten der Calixtus- oder (mein Tipp) der Domitillakatakombe, in denen man das mitgebrachte Vesper verzehrt und sich für den weiteren Weg ausruht. Dass man abends meist nicht mehr in den Petersdom hineinkommt, ist nicht tragisch, da der Petersdom mit ausführlicher Besichtigung selbstverständlich auf dem Programm einer Romfahrt steht. Der Abschluss der Wallfahrt auf dem Petersplatz in der Abendstimmung hat seinen eigenen Reiz und stellt zweifelsohne einen Höhepunkt der Wallfahrt dar.

Die Besuche in den Kirchen sind stets nach dem gleichen Muster aufgebaut. Nach dem Betreten der Kirche sucht man einen ruhigen Platz, an dem man ungestört ist. Ein erster Text führt in die Bedeutung der Bauwerke, alle herausragende Kunstwerke ein und überträgt das Gesehene oder einst Geschehene auf unser Leben. Dabei habe ich nicht versucht, eine komplette Beschreibung der Kirchen zu liefern, sondern mich auf das Wesentliche beschränkt. Die Impulse des Textes fragen die Hörer an und laden zum Nach- und Weiterdenken ein. Im darauffolgenden biblischen Text richtet Gott selbst sein Wort an uns. In kurzen Fürbitten wenden wir uns an den erhöhten Herrn. Die Fürbitten münden in ein Gebet. Am Schluss folgen immer das *Vaterunser*, das *Ave Maria* und das *Ehre sei dem Vater*. Danach sind noch einige Lieder aus dem Gotteslob vorgeschlagen, aus denen eines ausgewählt werden kann. Die Anrufung des oder der Heiligen, die einen besonderen Bezug zu der Kirche haben, schließt die Meditation ab. Danach kann in einer freien Zeit, die nicht zu lang sein sollte, da der Weg noch weit ist, die Kirche besichtigt werden.

Der Weg führt an vielen Kirchen vorbei, die in diesem Leitfaden nicht beschrieben werden und deren Besichtigung ich während der Wallfahrt auch nicht empfehle. Lediglich zwei kleine Kirchen, die auf dem Weg liegen, finden eine kurze Erwähnung: die »*Chiesoletta*« zwischen S. Sebastiano und S. Paolo, weil sie einen direkten Bezug zu unserer Wallfahrt hat, und die Kirche »Domine, quo vadis?«, weil sie einen direkten Bezug zum Apostel Petrus hat, den meisten Pilgern aus der Literatur und dem Kino vom Namen her bekannt ist, aber meist in keinem Besichtigungsprogramm vorgesehen ist.

Kleine Liturgie zu Beginn der Wallfahrt

Einführung

Wir haben uns auf den Weg nach Rom gemacht. Als Pilger wissen wir uns immer unterwegs. Unsere Heimat ist im Himmel, heißt es im Philipperbrief (3,20). Deshalb wird unser gesamtes Leben oft mit einer

Pilgerfahrt verglichen. Um uns daran zu erinnern und um unser ewiges Ziel wieder in den Blick zu bekommen, brechen wir nun zu einer ganz besonderen Wallfahrt auf: die Sieben-Kirchen-Wallfahrt, die seit alters her einen wichtigen Platz im Programm der Romwallfahrer gehabt hat. Die Zahl sieben verweist uns auf die Fülle, die von Gott kommt. Sie verweist uns auf die Gaben des Heiligen Geistes, die wir auf unserer Wallfahrt erbitten. Dieser Weg ist kein Spaziergang. Er führt nicht durch grüne Auen, sondern mitten durch eine lebendige, moderne Millionenstadt. Er ist so ein Abbild unseres alltäglichen Lebens, in dem es auch manches Mal turbulent zugeht. Auf diesem Weg können wir Gott finden, wie wir auch in unserem Alltag Gott finden können. Dieser Weg ist anstrengend, wie auch unser Leben manchmal anstrengend ist. Aber auch hier wissen wir uns an der Seite Christi, der uns nicht jedes Kreuz einfach abnimmt, sondern sein Kreuz uns voranträgt und uns die Kraft gibt, unser Kreuz zu tragen.

Kleine Liturgie zu Beginn

V Unsere Hilfe ist im Namen des Herrn.
A Der Himmel und Erde erschaffen hat.
V Herr, erhöre mein Gebet.
A Und lass mein Rufen zu dir kommen.

V Lasset uns beten.
Herr Jesus Christus, du hast uns gelehrt, barmherzig zu sein wie der himmlische Vater, und uns gesagt, wer dich sieht, sieht ihn. Zeig uns dein Angesicht und wir werden Heil finden.

Dein liebender Blick befreite Zachäus und Matthäus aus der Sklaverei des Geldes, erlöste die Ehebrecherin und Maria Magdalena davon, das Glück nur in einem Geschöpf zu suchen, ließ Petrus nach seinem Verrat weinen und sicherte dem reumütigen Schächer das Paradies zu.

Lass uns dein Wort an die Samariterin so hören, als sei es an uns persönlich gerichtet: »Wenn du wüsstest, worin die Gabe Gottes besteht!«

Du bist das sichtbare Antlitz des unsichtbaren Vaters und offenbarst uns den Gott, der seine Allmacht vor allem in der Vergebung und in der Barmherzigkeit zeigt.

Mache die Kirche in der Welt zu deinem sichtbaren Antlitz, dem Angesicht ihres auferstandenen und verherrlichten Herrn.

Du wolltest, dass deine Diener selbst der Schwachheit unterworfen sind, damit sie Mitleid verspüren mit denen, die in Unwissenheit und Irrtum leben.

Schenke allen, die sich an sie wenden, die Erfahrung, von Gott erwartet und geliebt zu sein und bei ihm Vergebung zu finden.

Sende aus deinen Geist und schenke uns allen auf diesem Pilgerweg deine Gnade und liebende Nähe, damit wir dich in unserem Leben neu entdecken und wir mit neuer Begeisterung den Menschen die Frohe Botschaft bringen.

So bitten wir dich auf die Fürsprache der Muttergottes, der Apostelfürsten Petrus und Paulus und des Hl. Philipp Neris der du mit dem Vater in der Einheit des Heiligen Geistes lebst und herrschst in alle Ewigkeit.

Nach: Gebet zum Jahr der Barmherzigkeit

Segen

Herr, unser Gott, voll Vertrauen machen wir uns auf den Weg der Sieben-Kirchen-Wallfahrt. Wie unzählige Menschen vor uns gehen wir mit dir durch die Straßen Roms zu den großen Heiligtümern. Begleite uns mit deinem Segen. Schütze uns vor allen Gefahren und lass uns vor allem dir begegnen: in den Kirchen, in unseren Mitpilgern und in unseren Herzen. Lass uns die Erfahrung machen, die auch der Beter des 84. Psalms machen durfte: »Wohl den Menschen, die Kraft finden in dir, wenn sie sich zur Wallfahrt rüsten. Sie schreiten dahin mit wachsender Kraft; dann schauen sie Gott« (Ps 84,6.8).

Mach leicht unsere Schritte und unsere Herzen, damit wir alles Belastende und Enge hinter uns lassen und offen werden für deine liebende Nähe. Sende uns deine Heiligen, damit sie uns auf unserer Wallfahrt begleiten.

So segne uns (euch) der gute und treue Gott: + der Vater und der Sohn und der Heilige Geist.

V: Lasst uns ziehen in Frieden.
A: Christus, dem Herrn, entgegen.

1. S. Maria Maggiore

Betrachtung

»Für Gott ist nichts unmöglich« (Lk 1,37). Die Gründungslegende der Kirche »Groß St. Marien« scheint dies zu illustrieren. In der Nacht zu einem 5. August hatten der römische Patrizier Johannes und Papst Liberius (352–366) den gleichen Traum: Die Gottesmutter erscheint ihnen und weist sie an, an der Stelle, an der am nächsten Morgen Schnee liegt, ihr eine Kirche zu bauen.

Als die Sonne aufging, zeigte sich, dass die Kuppe des Esquilinhügels mit Schnee bedeckt war. Der Papst soll daraufhin mit seinem Bischofsstab den Grundriss der Kirche in den Schnee gezeichnet haben. Deshalb trägt die Kirche auch den Namen: Santa Maria ad Nives, Maria Schnee. Diese Legende ist eine Illustration des Wirkens des Heiligen Geistes, von dem es im Pfingsthymnus heißt, er hauche in der Hitze Kühlung zu. Er bewirkt Unmögliches: zunächst an Maria, die Jesus Christus in ihrem Schoß empfing, dann bei der Gründung von S. Maria Maggiore und an vielen anderen Personen, die sich auf ihn eingelassen, ihr Leben ihm zur Verfügung gestellt und ihm einen Platz in ihrem Leben eingeräumt haben.

Von der alten Liberianischen Basilika ist nichts mehr erhalten. Der heutige Bau geht auf die Zeit nach dem Konzil von Ephesus (431) zurück. Dort wurde Maria erstmals als Theótokos, als Gottesgebärerin, bezeichnet. Dies ist zunächst eine Aussage über Christus. Das Konzil definierte, dass er seit Beginn seiner irdischen Existenz wahrer Mensch und wahrer Gott war. Sein Gottsein trat also nicht später zu seinem Menschsein hinzu, wie manche damals meinten. Gleichzeitig förderte dieser Titel auch die Marienverehrung. Papst Sixtus III. ließ den Bau Mitte des 5. Jahrhunderts errichten, der fast vollständig erhalten, jedoch durch spätere Anbauten unserem Blick verborgen ist.

Wenn wir die Kirche betreten, empfängt uns ein harmonischer Raum. Die Mosaiken an den Wänden des Kirchenschiffs und am Triumphbogen sind aus der Erbauungszeit der Kirche erhalten.

Wir konzentrieren uns in dieser Kirche auf zwei Ziele:

- ➢ das Gnadenbild der Mutter Gottes »Salus Populi Romani« in der linken Kapelle (Cappella Paolina) neben dem Hochaltar,
- ➢ die Krippe Jesu in der Confessio unter dem Hochaltar.

Das Gnadenbild der Mutter Gottes »Salus Populi Romani« (Das Heil des römischen Volkes)

Die Ikone der Mutter Gottes, die das Jesuskind auf dem Arm trägt, ist alt. Sie wird, wie etliche andere Ikonen, dem Evangelisten Lukas zugeschrieben, der dieses Bild noch zu Lebzeiten Marias gemalt haben soll. Auf jeden Fall stammt das Bild aus der Spätantike. Immer wieder hat es zu besonderen Anlässen seine Heimatkirche verlassen und wurde durch die Straßen Roms getragen, um die Jungfrau um ihre Fürbitte anzurufen. Zur Eröffnung der beiden marianischen Jahre wurde die Ikone auf den Petersplatz gebracht. Das römische Volk, Päpste, aber auch viele Pilger beteten und beten vor diesem Gnadenbild. Papst Franziskus, der links vor der Kapelle im Seitenschiff seine letzte Ruhe fand, hatte ein besonders enges Verhältnis zu diesem Bild. Vor und nach jeder Auslandsreise stattete er der Muttergottes hier einen Besuch ab.

Wegen seiner Beliebtheit hat das Bild den Ehrentitel »Heil des römischen Volkes« erhalten. Es ist die Mutter der Barmherzigkeit, die hier verehrt und angerufen wird.

Eine Mutter scheint den Menschen oft näher als der Sohn. Schon an der Hochzeit von Kana wenden sich die Menschen an die Mutter Jesu in ihrer Notlage. So wird sie beim ersten Wunder Jesu zur Fürbitterin, der kein menschliches Problem fremd ist.

Auch bei alltäglichen Problemen dürfen wir zu Maria kommen und sie um ihre Fürsprache anrufen. Das hochverehrte Bild in der Cappella Paolina in S. Maria Maggiore legt davon Zeugnis ab.

„Die wahre und innere Freude ist ein Geschenk Gottes, eine Wirkung des guten Gewissens, der Verachtung äußerer Eitelkeiten und der Betrachtung der höchsten Wahrheiten."

Hl. Philipp Neri

Das Gnadenbild der »Salus Populi Romani«

Die Krippe Jesu

Ursprünglich befand sich die Krippe unter dem Sakramentsaltar in der Cappella Sistina, der großen Kapelle an der rechten Seite von S. Maria Maggiore, benannt nach Papst Sixtus V. Heute befindet sie sich unter dem Hochaltar. Die Krippe ist auch der Grund, warum Santa Maria Maggiore als die Weihnachtskirche Roms gilt, in der die Päpste vergangener Jahrhunderte die Christmette und die Weihnachtsmessen feierten.

Viele Pilger fragen heute vor der Krippe Jesu: »Woher weiß man, ob dies wirklich die Krippe Jesu ist?« Die Frage zielt, obwohl verständlich, ins Leere.

Man frage sich nur: »Würde sich in meinem Leben heute etwas ändern, könnte der historische Nachweis sicher erbracht werden, dass dies die Krippe Jesu ist?« Wenn wir diese Frage mit Nein beantworten, ist die Frage nach der nachweisbaren Echtheit irrelevant.

Die Krippe Jesu in einem Reliquiar aus Kristall

Reliquien haben die Funktion, den Glauben sichtbar werden lassen. Die Krippe Jesu lädt uns ein, darüber nachzudenken, was die Menschwerdung Jesu für mich bedeutet. Die Tatsache, dass Gottes Sohn Mensch wird – eine Glaubensaussage, die nicht mit historischer Beweisführung oder naturwissenschaftlichen Methoden zu beweisen oder zu widerlegen ist –, ist die große Liebeserklärung Gottes an uns Menschen. Die Kirchenväter sprachen von einem wunderbaren Tausch, der sich hier ereignet: Gott wird Mensch, um uns von seiner Gottheit zu schenken. Vor der Krippe Jesu ist es also gewinnbringender, über diese barmherzige Liebe nachzudenken, die wir an Weihnachten feiern, und Gott für diese zu danken. Und dies können wir ganz persönlich tun: »Aus Liebe zu mir ist Jesus Mensch geworden. Weil er mich liebt, möchte er meinen Lebensweg begleiten.«

S. Maria Maggiore erzählt von der barmherzigen Liebe und Zuwendung Gottes. Er hat Maria angesehen und das kleine Mädchen aus dem Volk zur Mutter seines Sohnes erhoben. Sie hat zu diesem Plan Ja gesagt und konnte so ihren wichtigen Platz in der Geschichte Gottes mit seinem Volk einnehmen. Sie hilft uns, den Ruf Gottes heute zu hören. Denn jeder Einzelne ist berufen, das, was Gott in uns legte, zum Heil und zur Freude aller zu verwirklichen. Wie schön, dass Jesus Christus als Menschgewordener uns kennt, uns begleitet und dass wir Maria als Fürsprecherin im Himmel haben.

Biblische Lesung Lk 1,28–36

Im sechsten Monat wurde der Engel Gabriel von Gott in eine Stadt in Galiläa namens Nazaret zu einer Jungfrau gesandt. Sie war mit einem Mann namens Josef verlobt, der aus dem Haus David stammte. Der Name der Jungfrau war Maria.

Der Engel trat bei ihr ein und sagte: Sei gegrüßt, du Begnadete, der Herr ist mit dir. Sie erschrak über die Anrede und überlegte, was dieser Gruß zu bedeuten habe. Da sagte der Engel zu ihr: Fürchte dich nicht, Maria; denn du hast bei Gott Gnade gefunden. Du wirst ein Kind empfangen, einen Sohn wirst du gebären: dem sollst du den Namen Jesus geben. Er wird groß sein und Sohn des Höchsten genannt werden. Gott, der Herr, wird ihm den Thron seines Vaters David geben. Er wird über das Haus Jakob in Ewigkeit herrschen und seine Herrschaft wird kein Ende haben.

Maria sagte zu dem Engel: Wie soll das geschehen, da ich keinen Mann erkenne? Der Engel antwortete ihr: Der Heilige Geist wird über dich kommen und die Kraft des Höchsten wird dich überschatten. Deshalb wird auch das Kind heilig und Sohn Gottes genannt werden. Auch Elisabet, deine Verwandte, hat noch in ihrem Alter einen Sohn empfangen; obwohl sie als unfruchtbar galt, ist sie jetzt schon im sechsten Monat. Denn für Gott ist nichts unmöglich.

Da sagte Maria: Ich bin die Magd des Herrn; mir geschehe, wie du es gesagt hast. Danach verließ sie der Engel.

Fürbitten

Weil unser Herr Jesus Christus uns Menschen nahe sein wollte, wurde er von seiner Mutter Maria als Mensch geboren. Im Vertrauen auf seine Nähe bitten wir ihn:

Steh allen Müttern und Vätern bei, damit sie ihre Kinder im Glauben an dich und im Respekt vor dem Wert des Lebens erziehen.

V   Christus, höre uns.

A   Christus, erhöre uns.

Sei bei denen, die ungewollt schwanger geworden sind: Stelle ihnen Menschen zu Seite, die sie bestärken, ihr Kind auf die Welt zu bringen.

V   Christus, höre uns.

A   Christus, erhöre uns.

Wir bitten um eine zukunftsfähige Gesellschaft, in der Kinder und Familien unterstützt und respektiert werden.

V   Christus, höre uns.

A   Christus, erhöre uns.

Anrufung Marias

Sei gegrüßt, o Königin,
Mutter der Barmherzigkeit,
unser Leben, unsre Wonne
und unsere Hoffnung, sei gegrüßt!
Zu dir rufen wir verbannte Kinder Evas;

zu dir seufzen wir trauernd und weinend
in diesem Tal der Tränen.
Wohlan denn, unsre Fürsprecherin,
wende deine barmherzigen Augen uns zu
und nach diesem Elend zeige uns Jesus,
die gebenedeite Frucht deines Leibes.
O gütige, o milde, o süße Jungfrau Maria.

Oder lateinisch: GL 666,4

*Vater unser – Gegrüßet seist du, Maria – Ehre
sei dem Vater*

Liedvorschläge

GL 521 Maria, dich lieben
GL 523 O Maria, sei gegrüßt
GL 524 Meerstern, ich dich grüße
GL 526 Alle Tage sing und sage
GL 527 Ave Maria zart
GL 531 Sagt an, wer ist doch diese?
GL 534 Maria, breit den Mantel aus
GL 535 Segne du, Maria
GL 536 Gegrüßet seist du, Königin

2. S. Lorenzo fuori le mura

Betrachtung

In einem Vorort Roms, dort, wo die einfachen Leute leben, treffen wir in „St. Laurentius vor den Mauern" die beiden Diakone Stephanus und Laurentius. Der Diakon ist der Diener. Er ist für die Armen und Notleidenden da. Er soll an die Ränder unserer Gemeinden und der Gesellschaft gehen und dort die Liebe Gottes erfahrbar werden lassen, nicht zuerst mit klugen und gewandten Worten, sondern mit Taten. Die Diakone geben mit ihrem Dienst Zeugnis für die Barmherzigkeit Gottes. Im Lateinischen bedeutet Barmherzigkeit (misericordia), sein Herz (cor) bei den Armen (miseri) zu haben. Dabei denken wir zunächst an die materiell Armen. Es gibt aber auch eine geistliche und seelische Armut, die heute in unserer Gesellschaft nicht weniger verbreitet ist. Letztendlich ist jeder Mensch arm, weil er auf Zuwendung und Liebe angewiesen ist. »Das Wort, das dir hilft, kannst du dir nicht selbst sagen«, lautet ein äthiopisches Sprichwort. Vieles Entscheidende bekommen wir geschenkt: das irdische Leben, Liebe, Freundschaft, Vergebung, Erlösung, das ewige Leben. Daher ist eine spirituelle Grundhaltung des Christen die geöffnete Hand. Nur die geöffnete und leere Hand kann empfangen. Ist die Hand gefüllt oder zur Faust geballt, kann sie nicht empfangen und gefüllt werden. Deshalb preist Jesus in der Bergpredigt auch die Armen selig. An anderer Stelle bedauert er die Reichen, die es schwer haben, sich für das Himmelreich offen und leer zu machen. Armut in der Bibel heißt daher, leidenschaftlich auf Gott zu vertrauen.

Die Kirche, in der wir uns jetzt befinden, ist über dem Grab des heiligen Laurentius errichtet. Mitte des dritten Jahrhunderts war der junge Spanier Archidiakon des Papstes Sixtus II.

Statue des heiligen Laurentius in S. Lorenzo. Dargestellt als Diakon im liturgischen Gewand der Dalmatik und mit dem Rost als Zeichen seines Martyriums.

Als solcher war er für die Verwaltung des kirchlichen Vermögens zuständig. Als Kaiser Valerian den Papst enthaupten ließ, forderte er dessen Verwalter Laurentius auf, ihm das kirchliche Vermögen auszuhändigen. Die Legende berichtet, Laurentius habe daraufhin das gesamte Vermögen unter die Armen verteilt und diese dann dem Kaiser als »den wahren Schatz der Kirche« präsentiert. Laurentius erlitt das Martyrium auf einem glühenden Rost.

Im 6. Jahrhundert wurden die Gebeine des ersten Märtyrers der Kirche, des heiligen Stephanus, ebenfalls in der Krypta beigesetzt. Stephanus war einer der ersten sieben Diakone, von deren Wahl die Apostelgeschichte berichtet. Ihre Wahl wurde notwendig, da die Apostel kaum mehr zur Verkündigung des Evangeliums und des Glaubens an Jesus Christus kamen, da sie ganz von karitativen Diensten in Beschlag genommen wurden. Obwohl eigentlich für den karitativen »Dienst an den Tischen« bestellt, legt Stephanus in einer eindrucks-

vollen Rede vor dem Hohen Rat in Jerusalem Zeugnis von seinem Glauben an Jesus
Christus ab.

Das Grab der heiligen Laurentius und Stephanus

Für dieses Zeugnis wird er vor den Toren
Jerusalems gesteinigt. Wie sein Herr betet er
sterbend für seine Verfolger. So macht Stephanus deutlich, dass auch die Caritas immer aus einem lebendigen Glauben an
Christus hervorgehen muss.

Über dem Grab des Laurentius ließ Kaiser Konstantin wahrscheinlich eine Kirche
erbauen, von der aber nichts mehr erhalten

ist. Ende des 6. Jahrhunderts legte Papst Pelagius II. das Grab des Diakons frei und baute eine neue Basilika, die heute den Chorraum der Kirche bildet. Vom erhöhten Chor aus kann man das schöne Mosaik am Triumphbogen mit Christus, den Apostelfürsten, den beiden Diakonen Laurentius und Stephanus und dem heiligen Hippolyt sehen. Das heutige Schiff war ursprünglich eine eigene Kirche, die im 13. Jahrhundert mit der Laurentiuskirche vereinigt wurde.

Am 19. Juli 1943 wurden die Kirche und das umliegende Viertel von amerikanischen Bomben zerstört. Es waren die ersten Bomben, die auf die Heilige Stadt niedergingen. 3000 Menschen starben, 6000 wurden verletzt. Das ganze Viertel lag in Trümmern. Pius XII. sah vom Vatikan aus die anfliegenden Bomber. Er suchte alles Bargeld in seiner Wohnung zusammen und fuhr mit Giovanni Battista Montini, dem späteren Papst Paul VI., nach S. Lorenzo. Die Menschen erkannten sein Auto und drängten sich um den Papst, der auf den Trümmern von S. Lorenzo betete. Der Papst tröstete, verteilte das Geld und segnete die Menschen. Kein anderer Politiker, auch nicht der König, tauchte dort auf. Wenn man bedenkt, dass die Päpste damals den Vatikan so gut wie nie verließen, versteht man, warum die Menschen in Rom noch lange von der blutbefleckten weißen Soutane des Papstes und seiner großartigen Geste sprachen.

Hier in S. Lorenzo spüren wir, wie sich Menschen von der Barmherzigkeit Gottes bewegen ließen. Genau wie Christus die Menschen aufsucht, die einfachen, die Sünder, die am Rand Stehenden, müssen auch wir an den Rand unserer Gesellschaft und unserer Gemeinden gehen. Weg von einer »Komm-her-Kirche« hin zu einer »Geh-hin-Kirche«. Papst Franziskus betonte immer wieder, dass ihm eine verbeulte Kirche, eine Kirche, die sich manchmal auch schmutzig macht, lieber sei als eine bequeme und behäbige Kirche. Hand aufs Herz: Müssen nicht auch wir hier unseren Kurs nachjustieren? »Die Armen haben wir immer bei uns«, sagt Jesus. Und in ihnen finden wir Christus.

Biblische Lesung Mt 25,31–40

Wenn der Menschensohn in seiner Herrlichkeit kommt und alle Engel mit ihm, dann wird er sich auf den Thron seiner Herrlichkeit setzen. Und alle Völker werden vor ihm zusammengerufen werden und er wird sie voneinander scheiden, wie der Hirt die Schafe von den Böcken scheidet. Er wird die Schafe zu seiner Rechten versammeln, die Böcke aber zur Linken.

Dann wird der König denen auf der rechten Seite sagen: Kommt her, die ihr von meinem Vater gesegnet seid, nehmt das Reich in Besitz, das seit der Erschaffung der Welt für euch bestimmt ist. Denn ich war hungrig und ihr habt mir zu essen gegeben; ich war durstig und ihr habt mir zu trinken gegeben; ich war fremd und obdachlos und ihr habt mich aufgenommen; ich war nackt und ihr habt mir Kleidung gegeben; ich war krank und ihr habt mich besucht; ich war im Gefängnis und ihr seid zu mir gekommen.

Dann werden ihm die Gerechten antworten: Herr, wann haben wir dich hungrig gesehen und dir zu essen gegeben oder durstig und dir zu trinken gegeben? Und wann haben wir dich fremd und obdachlos gesehen und aufgenommen oder nackt und dir Kleidung gegeben? Und wann haben wir dich krank oder im Gefängnis gesehen und sind zu dir gekommen?

Darauf wird der König ihnen antworten: Amen, ich sage euch: Was ihr für einen meiner geringsten Brüder getan habt, das habt ihr mir getan.

Fürbitten

Unser Herr Jesus Christus hat ein Herz für die Armen und Schwachen. Ihm bringen wir die Menschen in Not:

Wir beten für die Christen auf dieser Welt, die Opfer von Gewalt und Diskriminierung werden. Lass sie deine stärkende Nähe erfahren und schütze sie in deiner Barmherzigkeit.

V   Christus, höre uns.

A   Christus, erhöre uns.

Wir beten für die Menschen, die unter Krieg und Terror leiden, die um ihr Leben und ihre Existenz bangen. Bewege du die Herzen aller zum Frieden.

V   Christus, höre uns.

A   Christus, erhöre uns.

Wir beten auch für die, die andere wegen ihrer Religion verfolgen und töten: Öffne ihre Herzen, das in ihnen der Friede und die Güte wohnen.

V   Christus, höre uns.

A   Christus, erhöre uns.

So viele Menschen leben in Armut und unwürdigen Verhältnissen. Lass sie Menschen finden, die mit ihnen teilen, und Politiker, die gerechte Wirtschaftsstrukturen schaffen.

V   Christus, höre uns.

A   Christus, erhöre uns.

Beten wir für unsere Diakone und alle, die in karitativen Organisationen tätig sind: Schenke ihnen deine Liebe, damit sie den Armen, Notleidenden und Bedrückten nach deinem Willen dienen können.

V   Christus, höre uns.

A   Christus, erhöre uns.

Gebet

Barmherziger Gott, die glühende Liebe zu dir hat dem heiligen Laurentius die Kraft gegeben, dir und den Armen treu zu dienen und furchtlos für dich zu sterben. Hilf uns, dich zu lieben, wie er dich geliebt hat, und den Armen zu dienen, wie er ihnen gedient hat. Darum bitten wir durch Jesus Christus.

Aus der Liturgie

Vater unser – Gegrüßet seist du, Maria – Ehre sei dem Vater

Liedvorschläge

GL 144 Nun jauchzt dem Herren alle Welt

GL 210 Das Weizenkorn muss sterben

GL 458/9 Selig seid ihr

GL 487 Nun singe Lob du Christenheit

GL 489 Lasst uns loben, freudig loben

GL 548 Für alle Heilgen in der Herrlichkeit

GL 552 Herr, mach uns stark im Mut, der
        dich bekennt

V   Heiliger Laurentius

A   Bitte für uns!

V   Heiliger Stephanus

A   Bitte für uns!

3. S. Croce in Gerusalemme

Betrachtung

Die Kirche S. Croce in Gerusalemme verdankt ihre Existenz der Kaiserinmutter Helena. Nachdem ihr Sohn, Kaiser Konstantin, im Edikt von Mailand 313 dem Christentum Religionsfreiheit gewährte, machte sich die Mutter ins Heilige Land auf, um Reliquien zu finden, die an das irdische Leben Jesu erinnern. Neben den Reliquien, die in dieser Kirche aufbewahrt sind, brachte sie auch die Treppe aus der Burg Antonia mit, die Jesus nach seiner Verurteilung herunterging. Diese heilige Treppe, die Scala Sancta, ist heute neben dem Lateran in einem eigenen Gebäude zu sehen. Weitere Reliquien sind im Laufe der Zeit in den Petersdom gebracht worden.

Das Apsisfresko in S. Croce zeigt die Legende der Kreuzauffindung durch die heilige Helena

Helena ließ für die wertvollen Reliquien, die sie mitbrachte, eine Aula ihres Palastes, des Sessoriums, in eine Kirche umbauen. Da sie auch Erde vom Kalvarienberg mitbrachte, hat die Kirche den Beinamen »in Jerusalem« erhalten. Diesen Bau haben wir vor uns. Im Laufe der Zeit erfuhr er viele Veränderungen. Das Apsisfresko des Hauptschiffes aus der Renaissance zeigt unter dem segnenden Christus panoramaartig die Legende der Kreuzauffindung. Vom linken Seitenschiff aus gelangt man zu der 1930 errichteten Kapelle mit den Reliquien. Neben Stücken des Kreuzes Jesu, zwei Dornen der Dornenkrone, einem Kreuzesnagel, einem Teil des Kreuzestitulus ist auch ein Finger des Apostels Thomas und ein Stück des Kreuzes des guten Schächers dort in der Vitrine zu sehen.

Wieder einmal erinnern wir uns, dass nur das glaubende und das staunende Herz sich diesen Reliquien mit Gewinn nähert. Wenn wir in S. Maria Maggiore über die Barmherzigkeit nachdenken, mit der Jesus

Christus, der wahre Gott, als wahrer Mensch geboren wurde, so führen uns die Kreuzesreliquien weiter. Durch das Kreuz bewahrheitet sich die Verkündigung Jesu, die immer die Barmherzigkeit Gottes zum Inhalt hatte. Auch seine Taten waren von der Barmherzigkeit geprägt. Kranken brachte er Gesundheit, Sündern eröffnete er eine Chance zur Bekehrung, den Suchenden sprach er von unserem Vater im Himmel, der uns wie ein guter Hirt führt und hält. Wenn uns schon seine Menschwerdung sein Für-uns-Sein aus Liebe und Barmherzigkeit zeigte, so erst recht auch sein Leben.

Das Kreuz ist der Ernstfall der Liebe. Um dem Menschen in seine selbst gewählte Gottferne nachzugehen, ließ er sich in die Hand der Menschen ausliefern, verspotten und kreuzigen. Paulus macht immer wieder auf den Zusammenhang von Sünde und Tod aufmerksam. Am Anfang war alles Leben, denn Gott ist das Leben. Auf irgendeine Weise haben die Menschen aber ihre gottgegebene Freiheit dahingehend genutzt, sich von Gott weg zu orientieren. Wir wollen selbst bestimmen. Wir wollen uns nicht an die wohlmeinenden Weisungen Gottes halten, sondern unseren eigenen Weg gehen. Dieser Weg weg von Gott war ein Weg weg vom Leben, ein Weg in den Tod. In seiner ewigen Liebe, mit der uns Gott seit der Erschaffung der Welt liebt, war es ihm nicht gleichgültig, wenn Menschen verloren gehen, weil sie sich entfernen. Wie ein guter Hirte folgte uns Gott, werbend, bittend, einladend. Am Kreuz ereignete sich dann der schwerste und letzte Schritt auf dem Weg Gottes »nach unten«. Jesus Christus, wahrer Gott und wahrer Mensch, steigt hinab in das Reich des Todes – Er, der das Leben ist. Hier geschieht unsere Erlösung. Egal, wie tief sich ein Mensch in sein *Nein* Gott gegenüber verrannt hat, egal, wie tief er begraben ist, dort begegnet er dem Leben. Der gute Hirte folgt dem verlorenen Schaf selbst in den Tod. Nach Ostern steht der Himmel wieder offen, hat der Tod seine letzte Macht verloren.

Das Kreuzreliquiar in der Reliquienkapelle

Die Stimme des Herrn »Kommt alle zu mir« ist auch im Tod zu hören. Hoffen und beten wir, dass jeder Sünder sich von dieser Tat erweichen lässt. Hoffen und beten wir, dass kein Mensch so gefangen in sein *Nein* zu Gott ist, dass er sich nicht erweichen lässt von dem Anblick des Herrn, der an ihn herantritt, ihn mit Erbarmen anblickt und ihm die geöffnete Hand entgegenstreckt.

Biblische Lesung Phil 2,5–11

Seid untereinander so gesinnt, wie es dem Leben in Christus Jesus entspricht:
Er war Gott gleich,
hielt aber nicht daran fest,
wie Gott zu sein,
sondern er entäußerte sich
und wurde wie ein Sklave
und den Menschen gleich.
Sein Leben war das eines Menschen; er erniedrigte sich
und war gehorsam bis zum Tod,
bis zum Tod am Kreuz.
Darum hat ihn Gott über alle erhöht

und ihm den Namen verliehen,
der größer ist als alle Namen,
damit alle im Himmel,
auf der Erde und unter der Erde
ihre Knie beugen
vor dem Namen Jesu
und jeder Mund bekennt:
Jesus Christus ist der Herr
zur Ehre Gottes, des Vaters.

Fürbitten

Unser Herr Jesus Christus hat aus Liebe zu uns das Kreuz und den Tod auf sich genommen. Ihn bitten wir:

Lasst uns beten für diejenigen, die ihr Kreuz jeden Tag neu auf sich nehmen und so zu einem Beispiel für andere werden.

V   Christus, höre uns.
A   Christus, erhöre uns.

Beten wir für Menschen, die Kranke und Sterbende pflegen und für sie in schweren Stunden da sind, dass sie in den Leidenden dich erkennen.

V   Christus, höre uns.

A   Christus, erhöre uns.

Beten wir auch für die Menschen, die nicht an deine Auferstehung glauben können, dass sie glaubwürdigen Zeugen des Evangeliums begegnen.

V   Christus, höre uns.

A   Christus, erhöre uns.

Gebet

Das Kreuz des Königs ragt empor
und sein Geheimnis leuchtet auf:
Das Leben litt an ihm den Tod,
durch Tod wird Leben uns zuteil.

An diesem Holz verblutet er
als Opfer unsrer Sündenschuld;
von diesem Holz regiert der Herr
und zieht zu sich die ganze Welt.

Die Welt mit ihrer Klugheit Schein
hat Gottes Weisheit nicht erkannt;
als Torheit gilt ihr dieses Kreuz,
als große Schmach und Ärgernis.

S. Croce in Gerusalemme

Wir rühmen uns in Christi Kreuz
und stehn im Glauben treu zu ihm.
Wir bauen nicht auf eigne Kraft,
vertrauen fest auf seine Macht.

Wir grüßen dich, o Kreuz des Herrn,
du bist die Hoffnung dieser Zeit;
durch dich kam Freude in die Welt,
von dir kommt Leben, Licht und Heil.

Dir, Christus, singen wir das Lob,
der du am Kreuz gestorben bist,
dir, Vater, mit dem Heil'gen Geist
sei Preis und Ruhm in Ewigkeit.
Amen.

Nach »Vexilla regis prodeunt« des Venantius For-
tunatus († nach 600), deutsche Übersetzung des
Stundengebets der Abtei Kellenried

Vater unser – Gegrüßet seist du, Maria – Ehre
sei dem Vater

Liedvorschläge

GL 283 Aus der Tiefe rufe ich zu dir

GL 288 Hört das Lied der finstern Nacht

GL 289 O Haupt voll Blut und Wunden

GL 290 Herzliebster Jesu, was hast du verbrochen

GL 291 Holz auf Jesu Schulter

GL 294 O du hochheilig Kreuze

GL 297 Wir danken dir, Herr Jesu Christ

GL 299 Der König siegt, sein Banner glänzt

GL 359 O selger Urgrund allen Seins

GL 532 Christi Mutter stand mit Schmerzen

GL 629,5+6 Christus Sieger + Christus Jesus war Gott gleich

V   Heilige Helena

A   Bitte für uns!

4. S. Giovanni in Laterano

Betrachtung

»Mutter und Haupt aller Kirchen der Stadt und des Erdkreises«, so lautet der stolze Titel dieser Kirche, in der wir uns nun befinden. Es ist die Bischofskirche, also die Kathedrale des Bischofs von Rom, des Papstes. Kaiser Konstantin selbst hat diese Kirche gleich nach seinem Sieg an der Milvischen Brücke über seinen Mitkaiser und Rivalen Maxentius und nach dem Edikt von Mailand (313) bauen lassen und zwar auf einem Grundstück, das der Familie der Laterani gehörte. Diese wurde schon Jahrhunderte zuvor von Kaiser Nero wegen des Verdachtes einer Verschwörung enteignet.

Die Ostfassade der Lateransbasilika

In weiten Teilen ist dieser konstantinische Bau noch erhalten. Allerdings sehen wir nur noch wenig von ihm, da er durch spätere Umgestaltungen ummantelt ist.

S. Giovanni in Laterano ist somit die älteste Kirche Roms. Gebaut am damaligen Stadtrand, da Konstantin den noch weitgehend heidnischen Senat mit dem Bau einer christlichen Kirche im Zentrum nicht provozieren wollte.

Der heutige Patron der Kirche jedoch liebte es zu provozieren: der heilige Johannes der Täufer. Ursprünglich war die Kirche Christus, dem Erlöser, geweiht. Die Kirche hat als Sitz des Papstes eine bewegte Geschichte hinter sich. Fünf Konzilien wurden in ihr abgehalten. Bis zu einem verheerenden Brand 1308 residierte der Papst in dem neben der Kirche gelegenen Palast.

Kurze Zeit später verließ er Rom und zog unter dem Einfluss des französischen Königs nach Avignon – das sogenannte Avignonesische Exil begann, welches bis 1377 andauern sollte. Nach der Rückkehr des Papstes Gregor XI. nach Rom war der Lateranpalast nicht zu bewohnen und der

Papst nahm Wohnung bei St. Peter. Was damals als Provisorium geplant war, hielt sich bis heute.

Auf einige Besonderheiten wollen wir unser Augenmerk lenken. Das große Bronzeportal (ca. 300) stammt von der alten Kurie, dem Senatsgebäude, das auf dem Forum Romanum steht, und soll die Übertragung der Gewalt in der Stadt vom Kaiser und dem Senat auf den Papst symbolisieren. Die Heilige Pforte ist auf der rechten Seite der Eingangshalle. Das Kirchenschiff leidet unter der Barockisierung durch Francesco Borromini für das Heilige Jahr 1650. Lediglich die bewegten Apostelfiguren entschädigen ein wenig für den Verlust des Raumeindrucks, den man in einer so weitläufigen fünfschiffigen Basilika hatte.

Am ersten Pfeiler, der das Hauptschiff vom rechten Seitenschiff trennt, ist auf der Außenseite der Rest eines berühmten Freskos von Giotto zu sehen. Es zeigt Papst Bonifaz VIII., der auf der Loggia der Lateranbasilika das erste Heilige Jahr 1300 ausruft.

Die Kathedra, der Bischofsstuhl des Bischofs von Rom

In der Apsis sehen wir die Kathedra, den Bischofsstuhl des Bischofs von Rom, des Papstes. Der Papstaltar mit dem Ziborium (Baldachin) aus dem 14. Jahrhundert birgt drei Schätze. In der Mensa soll sich ein Tisch befinden, an dem Petrus im Hause des Senators Pudens öfters die heilige Messe feierte. Hinter dem goldenen Gitter über dem Altar sind zwei Kopfreliquiare zu sehen, die die Häupter der Apostelfürsten Petrus und Paulus enthalten.

S. Giovanni in Laterano

Der obere Teil des Baldachins über dem Hauptaltar birgt
die Häupter der beiden Apostelfürsten
Petrus und Paulus

Während der Christenverfolgungen unter den Kaisern Decius und Valerian im 3. Jahrhundert wurden die Leiber der beiden Apostel vor die Tore der Stadt, nach S. Sebastiano, in die dortige Katakombe verbracht. Später wurden sie wieder in ihren ursprünglichen Gräbern beigesetzt. Die beiden Häupter wurden in die Hauskapelle des Papstes in den Lateran und später dann in den Papstaltar der Basilika gebracht. Hier ruhen sie unter dem Schutz des Kirchenpatrons Johannes des Täufers.

Es war wahrlich kein bequemer Mensch, dieser Messiasvorläufer. Er sah seine Aufgabe darin, dem Herrn den Weg zu bereiten. Als man ihn nach seinem Auftrag fragte, sagte er: »Ich bin die Stimme, die in der Wüste ruft: Ebnet den Weg für den Herrn!« (Joh 1,23). Dies tat er, indem er die Menschen zur Umkehr aufrief und ihnen die Bußtaufe spendete. Er predigte nicht mit süßen und gewinnenden Worten. Johannes der Täufer war ein Freund der deutlichen Worte. Mehr als einmal griff er die damalige religiöse Führungsschicht an. »Ihr Schlangenbrut, wer hat euch denn gelehrt, dass ihr dem kommenden Gericht entrinnen könnt? Bringt Frucht hervor, die eure Umkehr zeigt, und meint nicht, ihr könntet sagen: Wir haben ja Abraham zum Vater. Schon ist die Axt an die Wurzel der Bäume gelegt; jeder Baum, der keine gute Frucht hervorbringt, wird umgehauen und ins Feuer geworfen« (Mt 3,7–10).

Ich weiß nicht, ob eine solche Predigt heute angebracht wäre. Auf der einen Seite sind wir froh, dass uns nicht mehr mit dem Feuer der Hölle gedroht wird. Auf der anderen Seite müssen wir uns auch vor dem Bild eines weichgespülten Gottes hüten. Hans Urs von Balthasar sagte einmal: »Du kannst Ja oder Nein zu Gott sagen, flirten mit ihm kannst du nicht.« Vielleicht hat es das Christentum in unseren Breiten heute oft schwer, weil die Christen zu wenig entschieden sind. Fanatismus ist nicht gefragt, aber die erkannte Wahrheit in Liebe zu tun und entschiedener unseren Glauben zu le-

ben, wäre sicher hilfreich. Ein der Welt an-
gepasstes Christentum, das als Sahnehäub-
chen für einzelne Feste und Ereignisse dient
und jeden Missstand mit der Barmherzigkeit entschuldigt – ein solches Christentum
wäre das Ziel einer beißenden Predigt des
Täufers. Man kann halt nicht nur ein biss-
chen Christ sein. Johannes mahnt uns als
letzter der Propheten, die prophetische Di-
mension unseres Glaubens nicht zu ver-
nachlässigen. Vergessen wir nicht, dass wir
alle bei unserer Taufe auch zu Propheten
gesalbt wurden. Der Prophet ist der Mund
Gottes. Wir sind gesandt, in unserem Alltag
das Evangelium zu bezeugen – mit Wort
und Tat. Dazu gehört auch, Unrecht, Ungerechtigkeit und Lebensfeindlichkeit klar
beim Namen zu nennen und anzuprangern.
Da gilt es, nicht zu schweigen angesichts
vieler sozialer Ungerechtigkeiten in unserer
Welt. Da gilt es, den Mund aufzutun angesichts tausendfacher Abtreibung, politischer
Radikalisierung, der Gewalt gegen Wehrlo-
se, angesichts sozialer Ungerechtigkeit und

eines menschenverachtenden Hasses Fremden gegenüber.

Christus lädt uns zu einem Leben in Fülle und in Wahrheit ein, nicht zu einem Glauben, der bis fast zur Unkenntlichkeit verwässert und den gesellschaftlichen Gepflogenheiten angepasst ist.

Biblische Lesung Lk 7,24–30

Jesus begann, zu der Menge über Johannes zu reden; er sagte: Was habt ihr denn sehen wollen, als ihr in die Wüste hinausgegangen seid? Ein Schilfrohr, das im Wind schwankt? Oder was habt ihr sehen wollen, als ihr hinausgegangen seid? Einen Mann in feiner Kleidung? Leute, die vornehm gekleidet sind und üppig leben, findet man in den Palästen der Könige. Oder was habt ihr sehen wollen, als ihr hinausgegangen seid? Einen Propheten? Ja, ich sage euch: Ihr habt sogar mehr gesehen als einen Propheten.

Er ist der, von dem es in der Schrift heißt: Ich sende meinen Boten vor dir her; er soll den Weg für dich bahnen. Ich sage euch: Unter allen Menschen gibt es keinen größeren als Johannes; doch der Kleinste im Reich Gottes ist größer als er.

Das ganze Volk, das Johannes hörte, selbst die Zöllner, sie alle haben den Willen Gottes anerkannt und sich von Johannes taufen lassen. Doch die Pharisäer und die Gesetzeslehrer haben den Willen Gottes missachtet und sich von Johannes nicht taufen lassen.

Fürbitten

Jesus Christus wurde von Johannes als das Lamm Gottes verkündet, das die Sünde der Welt hinwegnimmt. Ihn, unseren Erlöser, bitten wir:

Für die Bischöfe und Priester: Erfülle sie mit dem Feuer deines Geistes, damit sie deine Kirche als gute Hirten leiten.

V   Christus, höre uns.

A   Christus, erhöre uns.

Für alle, die in der Verkündigung und Lehre tätig sind: um Freude am Glauben und Liebe zur Kirche.

V   Christus, höre uns.

A   Christus, erhöre uns.

Für uns, wenn es uns schwerfällt, unseren Glauben mutig und überzeugend zu bekennen, dass wir dann den Mut finden, den du schenken kannst.

V   Christus, höre uns.

A   Christus, erhöre uns.

Gebet

Gott, du hast den heiligen Johannes den Täufer berufen, auf Jesus Christus hinzuweisen und das Volk des Alten Bundes Christus, seinem Erlöser, entgegenzuführen. Sende uns den Heiligen Geist, damit wir den Willen Gottes in unserem Leben erkennen und Christus, das barmherzige Lamm Gottes, den Menschen mit Wort und Tat verkünden. Darum bitten wir durch ihn, Christus, unseren Herrn.

Vater unser – Gegrüßet seist du, Maria – Ehre sei dem Vater

Liedvorschläge

GL 347 Der Geist des Herrn erfüllt das All

GL 477 Gott ruft sein Volk zusammen

GL 478 Ein Haus voll Glorie schauet

GL 479 Eine große Stadt ersteht

GL 481 Sonne der Gerechtigkeit

GL 482 Die Kirche steht gegründet allein
            auf Jesus Christ

GL 483 Ihr seid das Volk, das der Herr sich
            ausersehn

GL 484 Dank sei dir Vater für das ewge
            Leben

GL 485 O Jesu Christe, wahres Licht

GL 489 Lasst uns loben, freudig loben

GL 491 Ich bin getauft und Gott geweiht

V   Heiliger Johannes der Täufer

A   Bitte für uns!

V   Heiliger Johannes der Evangelist

A   Bitte für uns!

Auf dem Weg: Die Kirche »Domine Quo Vadis?«

An der Stelle, an der man die oft stark befahrene Via Appia Antica verlässt und auf das ruhige Grundstück der Calixtus-Katakombe einbiegt (Via Appia Antica 51), steht das Kirchlein Santa Maria in Palmis, besser bekannt unter dem Namen »Domine Quo Vadis?«. An dieser Stelle wurde schon im 9. Jahrhundert eine Kirche gebaut. 1637 ließ Francesco Barberini, der Neffe Papst

Die Kirche »Domine Quo Vadis« vom Gelände der Calixtus-Katakombe gesehen

Urbans VIII., die Kirche im barocken Stil komplett erneuern. Interessant ist diese Kirche für uns, da an dieser Stelle der aus Rom flüchtende Petrus Jesus begegnet sein soll. Die apokryphen Petrusakten (Ende 2. Jahrhundert) berichten von diesem Ereignis. Was war geschehen? Die Ehefrauen des Albinus, eines Freundes Kaiser Neros, und des Stadtpräfekten Agrippa, beide Christinnen, wollten sich aus asketischen Gründen des ehelichen Verkehrs enthalten. Beide Ehemänner machten die Predigt des Petrus für dieses Verhalten verantwortlich und beschlossen, ihn deswegen zu töten. Die Gemeinde erfuhr von diesem Plan und drängte den Apostel zur Flucht. Kaum, dass er die Stadt verlassen hatte, begegnet ihm Christus. Erstaunt fragte er ihn: »*Domine, quo vadis?*« (»Wohin gehst du, Herr?«) und der Herr antwortete ihm »*Romam venio iterum crucifigi*« (»Nach Rom, um mich erneut kreuzigen zu lassen«). Petrus erkannte seine Feigheit und kehrte um. In Rom wurde er dann im Zirkus des Nero gekreuzigt.

Die Parallele mit der Unterhaltung der beiden im Abendmahlssaal drängt sich auf. Auch damals fragte Simon Petrus den Herrn: »Herr, wohin willst du gehen? Jesus antwortete: Wohin ich gehe, dorthin kannst du mir jetzt nicht folgen. Du wirst mir aber später folgen« (Joh 13,36).

»Romam venio iterum crucifigi«:
Die Kirchen S. Sebastiano und »Domine Quo Vadis«
zeigen die »Fußabdrücke Jesu« in Stein

In der Kirche ist die Kopie eines Steines in den Fußboden eingelassen, der die Fußabdrücke Jesu zeigen soll. Das Original ist mittlerweile in der Reliquienkapelle von S. Sebastiano, wo wir ihn sehen können. Ganz

Domine, quo vadis?, Annibale Carracci, 1602,
National Gallery, London

in der Nähe des Steins ist eine Büste des polnischen Autors und Literaturnobelpreisträgers Henryk Sienkiewicz, der 1895 den Roman »Quo Vadis« veröffentlichte.

Auf unserem Weg der Gnade zeigt uns diese Kirche und die Legende, die hier erzählt wird, dass Gott diejenigen, die er beruft und liebt, nicht einfach vor Leid und Tod bewahrt, wohl aber, dass er uns in unserem Leiden und schließlich auch in unserem Sterben liebend begleitet und großes daraus entstehen lassen kann. Da Christus um unsere Schwäche weiß, schaut er uns mit liebendem Blick an und gibt uns den Mut, dass wir uns den Herausforderungen des Lebens stellen. Der Ruf Gottes ist immer ein Ruf in das Leben, aber in ein Leben in Wahrheit und Ewigkeit. Das schließt nicht aus, uns hier in dieser Welt den widergöttlichen Kräften entgegenzustellen. Auch wenn sie innerweltlich gesehen gewinnen, letztlich siegen die Wahrheit und die Liebe.

5. S. Sebastiano

Betrachtung

In den Katakomben, über denen die heutige Kirche erbaut wurde, fanden die Gebeine der beiden Apostelfürsten Petrus und Paulus während der Christenverfolgungen im 3. Jahrhundert unter den Kaisern Decius und Valerian eine Zufluchtsstätte. Kaiser Konstantin ließ nahe der kleinen Talsenke, die »ad catacumbas« heißt (die Katakomben haben insgesamt von diesem Flurnamen ihren Namen erhalten), ab 340 eine dreischiffige Basilika erbauen: die Basilica Apostolorum, die Apostelbasilika. Nach der Translation der Apostelgebeine in die Stadt hinein, wurde die Basilika seit dem 8. Jahrhundert nach dem prominentesten Märtyrer benannt, der in den Katakomben beerdigt wurde, nach dem heiligen Sebastian.

Die Legende schildert den Heiligen als Hauptmann der Prätorianergarde am Hof Kaiser Diokletians. Er half in dieser einflussreichen Position seinen notleidenden Glaubensbrüdern und -schwestern. Auch stand er den Märtyrern im Gefängnis bei und sorgte schließlich für deren Begräbnis. Als bekannt wurde, dass er selbst Christ sei, verurteilte ihn der Kaiser zum Tod. Von numidischen Bogenschützen wurde er, an einen Baum gefesselt, mit Pfeilen durchbohrt. Da die Soldaten ihn für tot hielten, ließen sie ihn am Hinrichtungsort liegen. Christen, die den Leichnam beerdigen wollten, merkten, dass er noch lebte, und pflegten ihn gesund.

Statue des hl. Sebastian über seinem Grab
von Giuseppe Giorgetti, 1671/72

Darauf ging er wieder zum erschreckten Kaiser und wollte ihn von der Sinnlosigkeit der Christenverfolgung überzeugen. Aufs Neue gefangengenommen, wurde er auf dem Palatin im Hippodrom des Kaisers zu Tode geprügelt, sein Leichnam in die *Cloaca Maxima* geworfen und in den Tiber gespült. Dort fanden ihn Christen und setzten ihn auf dem Friedhof »*ad catacumbas*« bei.

Die Kirche erfuhr 1612 einen Umbau, dabei wurde lediglich das Mittelschiff der alten Basilika verwendet. Bauherr war Kardinal Scipione Caffarelli Borghese, der Neffe Papst Pauls V., des Papstes, der den Bau des Petersdoms vollendete und dessen Name an der Fassade von St. Peter an prominenter Stelle zu lesen ist. In der Seitenkapelle auf der linken Seite finden wir das Grab des heiligen Sebastian. Obwohl er, wie wir hörten, nicht an der ersten Marter starb, wird er fast immer mit einem pfeildurchbohrten Leib dargestellt. Auch die Liegefigur über seinem Grab zeigt ihn auf diese

Weise. Spitz drangen die Pfeile ohne Schwierigkeit in den Körper ein. Für uns können diese Pfeile ein Symbol für die vielen Pfeile sein, die auch heute noch auf Menschen abgeschossen werden: Mobbing, Tratsch und Geschwätz, das andere schlechtmacht, kommt häufig genug vor – auch in Kirchengemeinden.

Papst Franziskus wurde nicht müde, vor dem Geschwätz und dem Tratsch, gerade auch in unserer Kirche, zu warnen. Er bezeichnet das Geschwätz als Waffe des Teufels. Es ist eine Ohrfeige, die das Herz verletzt und den Ruf eines Menschen zerstört. Ursache des Geschwätzes, sagt Papst Franziskus, seien immer Eifersucht und Neid. Seltsam, dass wir Christen als geliebte Kinder Gottes immer wieder solche Gefühle des Neids in uns wahrnehmen, die letztlich aus dem Gefühl der Unzufriedenheit und des Nicht-geliebt-Werdens resultieren. Weil wir uns im Tiefsten nicht geliebt fühlen, beginnen wir, andere klein- und schlechtzureden. Wenn der Mensch vergisst, dass er ein geliebtes Kind Gottes ist, hat der Teufel ein leichtes Spiel, Hass und Missgunst in die Herzen der Menschen zu säen.

Deshalb ist es heilsam, der Liebe Gottes im eigenen Leben Raum zu geben. Wenn ich über andere herziehe und immer nur das Schlechte suche, werde ich unzufrieden, verbittert und krank. Wenn ich mich hingegen ehrlich mit anderen freuen kann, sie nicht als Konkurrenz sehe und in meiner Umgebung vor allem das Schöne und Gelungene wahrnehme, werde ich glücklich und zufrieden. Der Erlöste sucht nicht nach Schwierigkeiten und Problemen – er sucht nach Möglichkeiten und Chancen. Er sieht seine Mitmenschen mit liebenden Augen an, weil er sich seiner eigenen Unzulänglichkeit bewusst ist und dennoch die Liebe Gottes erlebt.

Barmherzigkeit beginnt bei mir selbst. Wenn ich mich realistisch wahrnehme, merke ich, dass ich auf das Erbarmen Gottes angewiesen bin. Gott wartet nur darauf, dass ich ihn um dieses Erbarmen bitte, da-

mit er es mir schenken kann. Barmherzigkeit ist keine billige Gnade. Barmherzigkeit
kann nicht eingefordert werden von denen,
denen sowieso alles egal ist. Barmherzigkeit
will erbeten werden mit einem demütigen
Herzen. Ein Mensch, der solchermaßen
Barmherzigkeit erfährt, wird auch mit anderen barmherzig umgehen.

Biblische Lesung Eph 4,17–27

Ich sage es euch und beschwöre euch
im Herrn: Lebt nicht mehr wie die
Heiden in ihrem nichtigen Denken! Ihr
Sinn ist verfinstert. Sie sind dem Leben,
das Gott schenkt, entfremdet durch die
Unwissenheit, in der sie befangen sind,
und durch die Verhärtung ihres Her-
zens …

Das aber entspricht nicht dem, was ihr
von Christus gelernt habt. Ihr habt
doch von ihm gehört und seid unter-
richtet worden in der Wahrheit, die Jesus ist.

Legt den alten Menschen ab, der in
Verblendung und Begierde zugrunde

geht, ändert euer früheres Leben und erneuert euren Geist und Sinn! Zieht den neuen Menschen an, der nach dem Bild Gottes geschaffen ist in wahrer Gerechtigkeit und Heiligkeit. Legt deshalb die Lüge ab und redet untereinander die Wahrheit, denn wir sind als Glieder miteinander verbunden. Lasst euch durch den Zorn nicht zur Sünde hinreißen! Die Sonne soll über eurem Zorn nicht untergehen. Gebt dem Teufel keinen Raum!

Fürbitten

Ohne auf seine eigene Sicherheit zu achten, hat der heilige Sebastian seinen Nächsten geholfen. Auf seine Fürsprache bitten wir unseren Herrn Jesus Christus:

Steh denen bei, die Opfer übler Nachrede werden, und gib uns den Mut, ihnen zur Seite zu stehen.

V   Christus, höre uns.

A   Christus, erhöre uns.

Lass uns immer wieder erfahren, wie sehr wir dir am Herzen liegen, und vertiefe unsere Freundschaft mit dir immer mehr.

V   Christus, höre uns.

A   Christus, erhöre uns.

Um Frieden in dieser Welt: Gib den Mächtigen die Fantasie und die Demut, Konflikte mit friedlichen Mitteln zu lösen.

V   Christus, höre uns.

A   Christus, erhöre uns.

Gebet

> Herr, unser Gott, wir schauen auf das Beispiel der Standhaftigkeit, das der heilige Märtyrer Sebastian durch sein mutiges Bekenntnis gegeben hat. Schenke auch uns den Geist der Stärke, damit wir dir mehr gehorchen als den Menschen. Darum bitten wir durch Jesus Christus, unseren Herrn.
>
> *Aus der Liturgie*

Vater unser – Gegrüßet seist du, Maria – Ehre sei dem Vater

Liedvorschläge

GL 481 Sonne der Gerechtigkeit
GL 542 Ihr Freunde Gottes allzugleich
GL 543 Wohl denen, die da wandeln
GL 548 Für alle Heilgen in der
       Herrlichkeit

V   Heiliger Sebastian
A   Bitte für uns!

Beim Herausgehen aus der Kirche können wir den originalen Stein mit den Fußabdrücken aus der Kirche »Domine, quo vadis?« in dem Schrank gegenüber dem Sebastiansgrab anschauen. Die Marmorbüste in Richtung Ausgang zeigt Christus als Erlöser der Welt. Es ist das letzte Werk des großen Gian Lorenzo Bernini. Lassen wir uns von dem Blick Jesu treffen. Er schaut uns an – voll Liebe und Barmherzigkeit.

Christus, der Erlöser der Welt. Büste von
Gian Lorenzo Bernini, 1679

Auf dem Weg: Die »Paradiso-Kapelle«

Ganz in der Nähe der Backsteinkirche aus den 1950er-Jahren »San Filippo Neri in Eurosia«, liegt an der Via delle Sette Chiese 101 ein altes Landkirchlein. *»La chiesoletta«*, das Kirchlein, nennen die Gläubigen des Viertels liebevoll die Kirche »Santi Isidoro e Eurosia«. An der Fassade des Hauses, an das die Kirche 1818 von Giuseppe Valadier erbaut wurde, erinnern zwei Medaillons an

Die »Paradiso-Kapelle«

Ausschnitt der Fassade der »Paradiso«-Kapelle mit den
Medaillons der heiligen Philipp Neri (li.)
und Karl Borromäus (re.)

eine Begegnung der beiden heiligen Philipp
Neri und Karl Borromäus im Jahr 1575,
während beide die Sieben-Kirchen-
Wallfahrt unternahmen. Zwischen den Medaillons erinnert eine Tafel an den früheren
Namen dieser Straße, über die schon immer
die Sieben-Kirchen-Wallfahrt geführt hat:
Via Paradisi, die Paradiesstraße. An dieser
Stelle ist auch eine Legende angesiedelt, die
von der Liebenswürdigkeit und dem Hu-
mor des heiligen Philipp Neri erzählt:

Die »Paradiso-Kapelle«

An einem heißen Sommertag war der lachende Heilige mal wieder mit der Pilgergruppe auf der Sieben-Kirchen-Wallfahrt unterwegs. Nach dem kurzen Aufstieg auf den Hügel erstarb das Gebet. Alle waren erschöpft. Philipp überlegte kurz, wie er die Gruppe wieder motivieren und aufheitern konnte. Kurzentschlossen nahm er seine Kopfbedeckung, das schwarze Birett, in die Hand, warf es in die Luft, sprang ihm wie ein kleiner Hund hinterher und rief immerzu: »Paradiso! Paradiso!« Diese Einlage verfehlte nicht ihre Wirkung. Alle lachten und klatschten in die Hände, dann gingen Gebet und Wallfahrt fröhlich weiter.

Vielleicht fällt es uns auch manchmal schwer, unseren Weg zu gehen. Sorgen und Erschöpfung hemmen unsere Schritte. Dann tut es gut, uns daran zu erinnern, dass wir ein Ziel haben, dass unser Weg ein Weg in den Himmel, ins Paradies ist. Deswegen steht an der Fassade auf der Sonnenuhr auch ein Zitat aus dem 90. Psalm: »Unsere Tage zu zählen, lehre uns, dann gewinnen wir ein weises Herz« (Ps 90,12). Und neben dem Sonnenzeiger, ganz im Sinne unseres lachenden Heiligen, steht der Spruch: »Es ist immer Zeit für ein gutes Glas Wein.« Auf unserer Wallfahrt wollen wir vorerst davon absehen. Wenn wir aber heute Abend am Ziel angelangt sind, dürfen wir uns diese Zeit nehmen, ganz im Sinne des heiligen Philipp Neri.

6. S. Paolo fuori le mura

Betrachtung

Machtvoll schlug das Haupt des Völkerapostels auf die Erde. So machtvoll, dass drei Quellen entsprangen. Dies geschah bei Tre Fontane, drei Kilometer südlich von Sankt Paul vor den Mauern. Dort wurde Paulus der Überlieferung nach im Herbst des Jahres 64 durch das Schwert hingerichtet. Da er als Bürger der kleinasiatischen-Stadt Tarsus das römische Bürgerrecht hatte, durfte er nicht so brutal wie die anderen Apostel hingerichtet werden. Das Leben des Paulus ist bekannt – nur ein paar Stichworte zur Erinnerung. Er hat das Handwerk des

Zeltmachers erlernt und an der »Eliteuni« für jüdische Theologie, bei Gamaliël in Jerusalem, studiert. Dort lernte er die frühe Kirche kennen. Er erkannte die Sprengkraft, die in der Botschaft Jesu war, und bekämpfte die frühe Kirche als Gefahr für das Judentum und die reine jüdische Lehre.

Auf dem Weg nach Damaskus, wo er die Christen dingfest machen und bestrafen sollte, erschien ihm Christus in einer Vision. Paulus erblindete. Nun sah er mit seinen Augen so viel, wie vorher mit dem Herzen. Die Begegnung mit Christus warf ihn aus der Bahn und brachte ihn so auf die rechte Bahn. Als er wieder sehen konnte und sich taufen ließ, musste er seine Theologie ganz neu durchdenken. Bevor er sich den Aposteln in Jerusalem vorstellte, ging er für drei Jahre in die Wüste, ins Nabatäerreich, um nachzudenken. Schließlich begann er, im heidnischen Raum, der vom griechischen Denken geprägt war, zu missionieren. Die Apostel in Jerusalem, allen voran der Herrenbruder Jakobus und Petrus, waren darüber zunächst nicht erfreut. Aber Paulus ist es zu verdanken, dass wir heute Christen sind, dass das Christentum nicht eine innerjüdische Angelegenheit blieb. Jahre später wurde ihm vorgeworfen, er habe den Tempel in Jerusalem entweiht, da er einen griechischen Freund, einen Nichtjuden also, mit in den Tempel genommen habe, ein todeswürdiges Verbrechen. Paulus gelang es geschickt, mit theologischen Streitfragen die Menge zu spalten und einen Tumult auszulösen. Er appellierte als römischer Staatsbürger an den Kaiser in Rom, wahrscheinlich in der Hoffnung, dass diesem die theologischen Streitfragen einer anderen Religion relativ egal seien.

Als er aber nach einer stürmischen Überfahrt und einem Schiffbruch bei Malta in Rom ankam, wurde er mit Kaiser Nero konfrontiert und wie Petrus Opfer der ersten Christenverfolgung in Rom.

St. Paul vor den Mauern, Blick vom Atrium

Nach der Hinrichtung wurde sein Leichnam in dem Grab einer römischen Familie
an einer der Hauptausfallstraßen Roms, der
Via Ostiense, beigesetzt. Als 324 Kaiser
Konstantin über dem Apostelgrab eine Kirche erbauen ließ, konnte diese nur relativ
klein sein. Da der Altar über dem Grab des
Märtyrers liegen musste, die Kirchen damals nach Westen ausgerichtet waren (wie
St. Peter und der Lateran) und die Haupt-
straße wegen der Topografie nicht verlegt
werden konnte, blieb wenig Platz.

Der konstantinische Bau wurde jedoch bald zu klein, weswegen er 386 einem größeren Kirchengebäude weichen musste. Die Baumeister lösten das Platzproblem, indem sie die Kirche kurzerhand um 180 Grad drehten. So entstand die erste nach Osten ausgerichtete Kirche Roms – bis zum Neubau von St. Peter im 16. Jahrhundert übrigens die größte Kirche der Christenheit.

1823, in der Nacht auf den 15. Juli, geschah ein Unglück. Durch die Unachtsamkeit einiger Handwerker, die am Dach Reparaturen ausführten und sich wohl eine Rangelei lieferten, fiel ein Kohlebecken um. Unbemerkt rutschte eine glühende Kohle zwischen das Gebälk und löste mitten in der Nacht einen Großbrand aus. Die Kirche, die im Mittelalter ob ihrer Pracht als Goldener Dom bezeichnet wurde, wurde fast vollständig ein Raub der Flammen. Nur wenige Kunstgegenstände konnten gerettet und in den Neubau überführt werden.

Luigi Rossini, Die Ruine von St. Paul vor den Mauern
nach dem Brand

Nach 30-jähriger Bauzeit wurde die heutige Kirche 1854 in Anwesenheit vieler Bischöfe, die zur Dogmatisierung der »Unbefleckten Empfängnis der Gottesmutter Maria« in Rom waren, geweiht. Auch wenn die Kirche in weiten Teilen keine 200 Jahre alt ist, vermag sie uns wegen ihres Purismus einen imposanten Eindruck einer römischen bzw. frühchristlichen Basilika zu vermitteln. Von einem großen Atrium, dem Paradies, werden wir empfangen, bevor wir in das mystische Dunkel der Kirche treten.

Viele Pilger halten sofort nach den Papstmedaillons Ausschau, die die Kirche wie einen Fries durchziehen. Alle 267 Päpste sind hier abgebildet. Die Reihe beginnt mit dem Apostel Petrus im rechten Querhaus und endet mit Papst Leo XIV. im rechten inneren Seitenschiff ganz vorne.

Über dem Grab des Apostels, zu dem man in die Confessio hinabsteigen kann, werden die Ketten verehrt, mit denen der Apostel gefangen gehalten worden sein soll. Manchmal gewinnt man den Eindruck, auch wir legen uns Ketten an, wenn es darum geht, unsere Glaubensfreude zu den Menschen zu tragen. Paulus ist der größte Missionar unserer Kirche gewesen. Ohne seinen Mut, gewohnte Grenzen zu sprengen, außerhalb der üblichen Denkmuster zu denken und sich mit seinem Glauben an Jesus Christus der Diskussion mit anderen zu stellen, wäre viel an Dynamik verloren gegangen. Wer weiß, sicher hätte Gott andere Menschen und andere Wege gefunden, den Glauben in die Welt hinauszutragen.

Aber Paulus hat seinen Auftrag angenommen und ist dem Ruf Gottes gefolgt.

Warum hat das Wort Mission, wenn man es in kirchlichen Kreisen nennt, einen derart schlechten Klang? Liegt es nur daran, dass heute keiner mehr seinen christlichen Glauben mit Gewalt anderen aufzwingen will, was auch gut und geboten ist, oder steckt eine Lauheit und Gleichgültigkeit dem Glauben gegenüber dahinter? »Rede nur, wenn du gefragt wirst, aber lebe so, dass man dich fragt«, sagte der französische Schriftsteller Paul Claudel. Wann wurde ich zuletzt nach dem Grund meiner Freude und Zuversicht gefragt? Wenn es schon lange her ist, kann ich mich fragen, ob ich vielleicht meinen Glauben nicht mit der rechten Haltung, Entschiedenheit, Überzeugung und nicht zuletzt Freude lebe.

Vielleicht liegt es dann daran, dass mir der Glaube zunächst als Ballast erscheint, als ein Bündel an Vorschriften, die mir auferlegt wurden. Der Glaube beginnt aber in

Freigelegtes Grab des heiligen Paulus mit dem Schrein, der
die Ketten birgt, mit denen der Apostel
gefesselt war

einer Herzensbegegnung mit Jesus Chris-
tus. Erst wenn ich von dem Strahl seiner
Liebe getroffen bin, kann die Flamme des
Glaubens mein Herz entzünden und mein
ganzes Leben anstecken. Dabei ist der
Glaube nicht beliebig, er richtet sich auch an
den Weisungen aus, die Gott uns schenkt.
Echter Glaube zielt immer auf das Leben in
Fülle. Erfahre ich es als Geschenk und große
Freude, glauben zu dürfen und von Jesus
Christus angeschaut und in seine Familie,
die Kirche berufen zu sein? Wenn ich diese
Frage bejahen kann, wird diese Freude auch
ausstrahlen und ansteckend wirken.

Biblische Lesung Röm 1,8–17

Zunächst danke ich meinem Gott
durch Jesus Christus für euch alle, weil
euer Glaube in der ganzen Welt verkündet wird. Denn Gott, den ich im
Dienst des Evangeliums von seinem
Sohn mit ganzem Herzen ehre, ist mein
Zeuge: Unablässig denke ich an euch in
allen meinen Gebeten und bitte darum,
es möge mir durch Gottes Willen end-

lich gelingen, zu euch zu kommen. Denn ich sehne mich danach, euch zu sehen; ich möchte euch geistliche Gaben vermitteln, damit ihr dadurch gestärkt werdet, oder besser: damit wir, wenn ich bei euch bin, miteinander Zuspruch empfangen durch euren und meinen Glauben.

Ihr sollt wissen, Brüder, dass ich mir schon oft vorgenommen habe, zu euch zu kommen, aber bis heute daran gehindert wurde; denn wie bei den anderen Heiden soll meine Arbeit auch bei euch Frucht bringen. Griechen und Nichtgriechen, Gebildeten und Ungebildeten bin ich verpflichtet; so liegt mir alles daran, auch euch in Rom das Evangelium zu verkündigen.

Denn ich schäme mich des Evangeliums nicht: Es ist eine Kraft Gottes, die jeden rettet, der glaubt … Denn im Evangelium wird die Gerechtigkeit Gottes offenbart aus Glauben zum Glauben, wie es in der Schrift heißt: Der aus Glauben Gerechte wird leben.

Fürbitten

Unser Herr Jesus Christus hat den heiligen Apostel Paulus zu einem großen Missionar berufen. Auch uns hat er in Taufe und Firmung den Heiligen Geist gesandt. Wir bitten ihn:

Für alle, die gesandt sind, den Glauben der Kirche zu verkündigen: in der Gemeinde, in der Schule, in fernen Ländern – Sende ihnen deinen Geist, der sie antreibt und ihnen die richtigen Worte in den Mund legt.

V   Christus, höre uns.

A   Christus, erhöre uns.

Wir bitten dich für alle, die dich noch nicht kennen: Erwecke in ihren Herzen die Sehnsucht, dich kennenzulernen und zu suchen.

V   Christus, höre uns.

A   Christus, erhöre uns.

Beten wir für alle, deren Glaube müde und lahm geworden ist, um begeisternde Erfah-

rungen in der Liturgie und in der Gemeinschaft mit anderen Christen.

V   Christus, höre uns.

A   Christus, erhöre uns.

Beten wir auch für alle, die ihren Glauben
weitergeben möchten, aber immer wieder
enttäuscht werden – um den Blick auf die
kleinen Schritte, die Menschen durch ihre
Verkündigung gehen.

V   Christus, höre uns.

A   Christus, erhöre uns.

Gebet

Gott, du Heil aller Menschen, du hast
den heiligen Paulus zum Verkünder
des Evangeliums bei den heidnischen
Völkern berufen. Gib uns Dankbarkeit
über das Geschenk unseres Glaubens
und sende uns den Geist der Freude
und der Stärke, damit wir deine Wahrheit vor den Menschen leben. Darum
bitten wir durch Christus, unseren
Herrn.

Vater unser – Gegrüßet seist du, Maria – Ehre sei dem Vater

Liedvorschläge

GL 275 Selig, wem Christus auf dem Weg begegnet

GL 348 Nun bitten wir den Heiligen Geist

GL 362 Jesus Christ, you are my life

GL 386 Laudate omnes gentes

GL 542 Ihr Freunde Gottes allzugleich

GL 546 Christus, du Licht vom wahren Licht

GL 547 Du, Herr, hast sie für dich erwählt

GL 548 Für alle Heilgen in der Herrlichkeit

GL 551 Nun singt ein neues Lied dem Herren

V   Heiliger Apostel Paulus
A   Bitte für uns!

„Bevor man andere korrigiert, denke man über sich selbst nach.“

Hl. Philipp Neri

7. S. Pietro in Vaticano

Betrachtung

Über einem Grab, nicht größer als ein Fischerboot, erhebt sich die größte Kirche der Christenheit. Der Anblick ist gewaltig und doch vermag es die Kirche, ihre Größe zu verbergen. Man verschätzt sich gewaltig in diesem Gotteshaus. Das ist auch Absicht, denn sie möchte dem Besucher nicht seine Unbedeutendheit und Kleinheit vor Augen führen, sondern ihn erheben und großmachen – Das Ideal der Renaissance.

Bevor wir die vatikanische Basilika betreten, empfängt uns das große Oval des Petersplatzes. Zwei gewaltige Arme umfangen uns und nehmen uns auf in die Gemeinschaft der Kirche, die nicht nur auf der Erde anzutreffen ist. 140 Heilige grüßen uns und bedeuten uns, dass wir zu ihnen gehören, dass auch im Himmel die Kirche zu finden ist. Dort sind sie unsere großen Ge-

schwister im Glauben und bitten für uns bei
Gott.

Vom Petersplatz aus gehen wir leicht nach
oben zum Petersdom. Er liegt auf einem
Hügel, dem *mons Vaticanus*. Auf dem Friedhof, außerhalb der antiken Stadt, gleich ne-

ben dem großen Zirkus des Caligula oder des Nero, von dem heute nur noch der Obelisk auf dem Platz erhalten ist, soll der Apostel Petrus im Oktober des Jahres 64 kopfüber gekreuzigt worden sein. Er wollte nicht wie sein Herr sterben. Die Henker kreuzigten ihn deswegen mit dem Kopf nach unten.

Seine Gefährten beerdigten ihn auf dem nahegelegenen Friedhof auf dem Vatikanischen Hügel. Um das Jahr 200 berichtet ein römischer Presbyter von einem Tropaion, einem Denkmal, das über dem Grab des Petrus besichtigt werden könne. 324 ließ Kaiser Konstantin über dem Grab eine fünfschiffige Basilika errichten. Da der Friedhof mit dem Grab am Hang lag, musste Konstantin, um ein ebenes Fundament zu erhalten, einen Teil der Gräber zuschütten, einen anderen Teil abtragen lassen. Zur damaligen Zeit, da noch die Unverletzlichkeit der Grabesruhe galt, war das auch für einen Kaiser eine ungeheuerliche Herausforderung. Fast 1200 Jahre stand Alt-Sankt-Peter.

Immer wieder gab es Erweiterungen, Anbauten, Restaurationen. Die Geschichte war bewegt: Plünderungen sind zu verzeichnen ebenso wie die Kaiserkrönung Karls des Großen am Weihnachtstag 800. 1506 legte Papst Julius II. dann den Grundstein für Neu-Sankt-Peter, dessen Bau 120 Jahre lang dauern sollte. Schmerzlich ist, dass der Peterspfennig aus den Ablässen, die man zugunsten des Kirchenbaus verkauft hatte, ein Auslöser der Kirchenspaltung war.

Die Kirche über dem Grab des heiligen Petrus wird als Kirche des Papstes wahrgenommen, der das universale Amt der Einheit in der katholischen Kirche innehat. Die Evangelien berichten an mehreren Stellen, dass Christus dem Apostel Petrus einen besonderen Auftrag der Hirtensorge für die Kirche übertragen hat. Der bekannteste Ausspruch Jesu ist in der prächtigen Kuppel zu lesen: »Du bist Petrus und auf diesen Felsen werde ich meine Kirche bauen und die Mächte der Unterwelt werden sie nicht überwältigen. Ich werde dir die Schlüssel

des Himmelreichs geben« (Mt 16,18 f.). Bei
der nachösterlichen Begegnung der Apostel
mit dem Auferstandenen am See Gennesa-
ret wurde der, der Jesus in der Nacht seiner
Gefangennahme dreimal verleugnete,
dreimal nach seiner Liebe gefragt und bekam den Auftrag, die Herde Jesu Christi zu
weiden (Joh 21,15–17). Wir wissen nicht,
warum der impulsive und in seiner Treue
doch immer wieder schwankende Simon
Petrus diesen besonderen Dienst übertragen
bekam und nicht der Lieblingsjünger Johannes, der auch unter dem Kreuz noch bei
Jesus geblieben war und nicht flüchtete. Der
Ruf Jesu ist nicht immer einsichtig und liegt
unserem Denken zuweilen quer.

Seit diesen ersten Tagen der Kirche be-
kleiden Petrus und die Päpste als seine
Nachfolger dieses Felsenamt. Es ist verständlich, dass sie sich damit nicht nur
Freunde machen. Wie oft meinen Menschen, Barmherzigkeit bestünde in der Anpassung an die Welt. Irgendwie meine es

Die Statue des thronenden Petrus von Arnolfo
di Cambio in der Petersbasilika

doch jeder gut und dann wird es in den Augen Gottes schon recht sein. Erscheint einem solchen Denken der Papst und die Kirche dann nicht oft als unbarmherzig? So ist das halt mit den Felsen: Man kann sich gehörig daran anstoßen, man kann darauf aber auch etwas Festes und Haltbares bauen, auf das man sich verlassen kann. Immer wieder hat man in der Kirchengeschichte erlebt, dass die Päpste der Beliebigkeit widerstanden haben und so den Glauben und das Evangelium an die kommende Generation überliefert haben. Es geht ihnen nicht darum, das Evangelium an die Welt anzupassen, sondern der Welt zu helfen, die Schönheit und Tiefe des Evangeliums zu entdecken. Eine Anpassung an den Zeitgeist und seine Moden zeitigen allenfalls einen kurzfristigen Erfolg. Wie viele Moden haben wir in der Pastoral und der Liturgie der vergangenen Jahrzehnte erlebt? Der erhoffte Erfolg blieb meist aus. Zurück blieb ein schaler Geschmack, der uns trostloser, ratloser und leer zurückließ.

»Du bist der Messias, der Sohn des lebendigen Gottes!« (Mt 16, 16). Dem Petrusbekenntnis folgend, ist dies der bleibende Auftrag des Papstes: Christus in die Mitte zu stellen, auf ihn zu verweisen. Eine Erneuerung und Vertiefung des Glaubens kann stets nur aus einer lebendigen Beziehung zu Jesus Christus gelingen. Es erstaunt immer wieder: Obwohl es nicht nur heilige Päpste gab, obwohl oftmals Machtpolitik und Sünde in die Amtsführung der Päpste hereinspielten, die Kirche und das Papstamt haben es doch bis auf den heutigen Tag nicht versäumt, der Welt Christus vor Augen zu stellen. Dies konnten sie nur tun, weil sie sich trauten, auch unbequem zu sein und nicht nach dem Applaus der Menge zu schielen.

Im ersten Petrusbrief lesen wir: »Haltet in eurem Herzen Christus, den Herrn, heilig! Seid stets bereit, jedem Rede und Antwort zu stehen, der nach der Hoffnung fragt, die euch erfüllt« (1 Petr 3,15). Dieser Auftrag, auch in meinem persönlichen Umfeld Rede und Antwort von meinem Glauben und der Freude und Hoffnung an Gott zu geben, gilt auch mir als Getaufter und Gefirmter.

Und wenn ich schwanke und unsicher bin, kann ich mich an den Felsen der Kirche halten und mir von ihm wieder neu Christus zeigen lassen.

Biblische Lesung Mt 16,13–19

Als Jesus in das Gebiet von Cäsarea Philippi kam, fragte er seine Jünger: Für wen halten die Leute den Menschensohn? Sie sagten: Die einen für Johannes den Täufer, andere für Elija, wieder andere für Jeremia oder sonst einen Propheten. Da sagte er zu ihnen: Ihr aber, für wen haltet ihr mich? Simon Petrus antwortete: Du bist der Messias, der Sohn des lebendigen Gottes!

Jesus sagte zu ihm: Selig bist du, Simon Barjona; denn nicht Fleisch und Blut haben dir das offenbart, sondern mein Vater im Himmel. Ich aber sage dir: Du bist Petrus und auf diesen Felsen werde ich meine Kirche bauen und die Mächte der Unterwelt werden sie nicht überwältigen. Ich werde dir die Schlüssel des Himmelreichs geben; was du auf Erden binden wirst, das wird auch im Himmel gebunden sein, und was du auf Erden lösen wirst, das wird auch im Himmel gelöst sein.

Fürbitten

Unser Herr Jesus Christus hat den Apostel Petrus zum Felsen seiner Kirche berufen. Auf seine Fürsprache bitten wir den Herrn:

Für unseren Papst N., den du zum Nachfolger des heiligen Petrus berufen hast, um Segen, Kraft und Gesundheit für seinen anspruchsvollen Dienst.

V Christus, höre uns.

A Christus, erhöre uns.

Für alle, die sich am Petrusamt und der Lehre der Kirche stoßen, dass sie sich anfragen lassen und nie aufhören, die Gemeinschaft der Kirche zu suchen und zu erbeten.

V   Christus, höre uns.

A   Christus, erhöre uns.

Beten wir um belebende und stärkende Begegnungen mit »Petrusmenschen«, wenn unser Glaube schwach wird und wir zweifeln.

V   Christus, höre uns.

A   Christus, erhöre uns.

Beten wir für die Kirchen und kirchlichen Gemeinschaften, die das Petrusamt ablehnen: um den Geist der Versöhnung und der Einheit, der zusammenführt, was jetzt noch getrennt ist.

V   Christus, höre uns.

A   Christus, erhöre uns.

Beten wir für alle, die ihrer Sendung untreu geworden sind und die andere verraten haben: um Umkehr, Vergebung ihrer

Schuld und die Erfahrung eines barmherzigen Blicks.

V   Christus, höre uns.

A   Christus, erhöre uns.

Gebet

> Gott, unser Vater, dein Sohn hat den Apostel Petrus von der Arbeit wegberufen und ihm einen großen Auftrag für die Kirche anvertraut. Steh unserem Papst N. bei, dass er die Kirche mit Standfestigkeit und Barmherzigkeit leite. Gib, dass die Herde, die er leitet, immer größer werde und immer mehr Menschen dich erkennen als den guten Hirten des ewigen Lebens. Darum bitten wir durch Christus, unseren Herrn.

Vater unser – Gegrüßet seist du, Maria – Ehre sei dem Vater

Liedvorschläge

GL 380 Großer Gott
GL 382 Ein Danklied sei dem Herrn
GL 405 Nun danket alle Gott

S. Pietro in Vaticano

GL 407 Te Deum laudamus
GL 477 Gott ruft sein Volk zusammen
GL 478 Ein Haus voll Glorie schauet
GL 479 Eine große Stadt ersteht

V   Heiliger Apostel Petrus
A   Bitte für uns!

Die Hl. Pforte in St. Peter. »Wer durch diese Pforte hin-
durchschreitet, kann die tröstende Liebe Gottes erfahren,
welcher vergibt und Hoffnung schenkt.«
Papst Franziskus

Gebet zum Abschluss

Allmächtiger und barmherziger Gott, voll Dankbarkeit stehen wir am Ende unserer Wallfahrt durch die sieben heiligen Kirchen Roms, getragen von dem Glauben der Apostel und dem Zeugnis der Heiligen.

Du hast uns begleitet auf jedem Schritt, hast uns Kraft gegeben in der Mühe, Stille geschenkt im Lärm, und Trost in der Begegnung mit dir.

In den ehrwürdigen Mauern deiner Kirchen durften wir deinem Geheimnis näherkommen, durften spüren, dass der Glaube lebt – gestern, heute und in Ewigkeit.

Herr, lass diese Pilgerreise nicht enden mit dem letzten Schritt, sondern Früchte tragen in unseren Herzen: ein tieferes Vertrauen, ein wacheres Gewissen, eine größere Liebe zu dir und zu den Menschen.

Sende uns nun heim mit dem Mut, den Glauben zu leben, das Evangelium zu bezeugen und dein Licht dorthin zu tragen, wo Dunkelheit herrscht.

Heilige Maria, Mutter Gottes, Heilige Apostel Petrus und Paulus, alle Heiligen Roms – begleitet uns weiterhin mit eurer Fürsprache, damit unser ganzes Leben eine Wallfahrt zu Gott sei.

Amen.

Die Route auf Komoot

Auf Komoot ist ein Routenvorschlag hinterlegt, den man hier abrufen kann:

https://www.komoot.com/de-de/tour/2295012284?share_token=aHqGRKs5TLnDkS3Au86siy3ZAOPXtCnR77YAXWuiNUwpUeCPkD&ref=wtd